# 초등과학 잡아주는 동물 이야기

# 초등과학 잡아주는 동물이야기

**초판 1쇄 인쇄** 2012년 3월 23일
**초판 1쇄 발행** 2012년 3월 30일

**지은이** 글공작소

**책임편집** 주리아
**책임디자인** 김수원

**펴낸이** 이상순
**주　간** 서인찬
**편집장** 박윤주
**디자인** 노민지
**마케팅 홍보** 김미숙, 이상광, 공경태, 모계영, 박순주

**펴낸곳** (주)도서출판 아름다운사람들
**주소** (413-756) 경기도 파주시 교하읍 문발리 파주출판문화정보단지 534-2
**대표전화** (031)955-1001 **팩스** (031)955-1083
**이메일** books777@naver.com
**홈페이지** www.books114.net

ⓒ2012, 글공작소
ISBN 978-89-6513-156-4　63400
ISBN 978-89-6513-139-7　(세트)

파본은 구입하신 서점에서 교환해 드립니다.
이 책은 저작권법에 의하여 보호를 받는 저작물이므로 무단 전재와 복제를 금합니다.

# 초등과학 잡아주는 동물 이야기

**지음** 글공작소 | **추천** 오양환 (前 하버드대 교수)

아름다운사람들

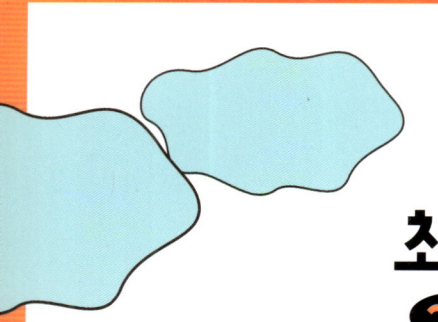

## 파리는 왜 앞다리를 싹싹 비빌까? 10
파리는 코가 다리에 있어요 | 파리는 빨판을 청소하느라 앞다리를 비벼요 | 파리가 오염시킨 음식은 사람을 병들게 할 수 있어요

## 모기에 물리면 왜 가려울까? 16
모기의 침 때문에 가려움을 느껴요 | 피를 못 굳게 하려고 침을 넣어요 | 모기는 이산화탄소 등으로 사람을 찾아내요 | 알을 낳기 위해서 암컷 모기만 피를 빨아요

## 새들은 전깃줄에 앉아도 왜 감전되지 않을까? 21
어느 한쪽 극만 접촉하면 감전되지 않아요 | 새들도 양쪽 극을 다 접촉하면 감전되어요

## 왜 지구에만 생물이 살 수 있을까? 26
생물은 물, 산소 그리고 적당한 온도가 필요해요 | 지구는 온실 효과로 지구를 따뜻하게 해요 | 모든 생명체는 주변 환경에 맞춰 진화해요

## 항온 동물과 변온 동물은 무슨 말일까? 30
항온 동물은 늘 일정한 체온을 가진 동물이에요 | 변온 동물은 환경에 따라 체온이 변화하는 동물이에요 | 항온 동물인 사람도 체온이 변할 수 있어요

## 먹이 사슬이란 무슨 말일까? 34
먹고 먹히는 관계를 말해요 | 먹이 사슬은 사슬처럼 이어져요 | 먹이 사슬은 피라미드 구조예요

## 동물들은 왜 겨울잠을 잘까? 39
먹이를 구하기 힘들어 겨울잠을 자요 | 겨울잠은 개구리 방식과 곰 방식이 있어요 | 생체 시계를 통해 봄이 왔다는 것을 알아요

## 유인원은 왜 사람과 가장 가까운 동물일까? 44
유인원은 원숭이를 통틀어 이르는 말이에요 | 사람과 침팬지는 무려 98.75퍼센트가 일치해요

## 공룡은 왜 멸종되었을까? 48
공룡은 약 6,550만 년 전에 멸종되었어요 | 멸종 이유로 운석 충돌설이 있어요 | 공룡이 살았던 자취는 화석으로 남아 있어요

## 개는 왜 땀을 흘리지 않을까? 53
땀샘이 작아서 제 기능을 못해요 | 고양이와 돼지도 땀샘이 발달하지 않았어요

## 텃새와 철새는 무엇이 다를까? 57
텃새는 죽을 때까지 한곳에 사는 새예요 | 철새는 한곳에 머무르지 않고 옮겨 다녀요 | 철새는 먹이와 날씨 때문에 사는 곳을 바꿔요

## 고양이는 수염을 자르면 왜 쥐를 못 잡을까? 62
동물에게 수염은 촉각을 담당하는 기관이에요 | 고양이 수염은 사람 눈과 같아요

## 소는 왜 먹은 걸 토해 낼까? 66
소는 제대로 소화시키기 위해 되새김질을 해요 | 맹수의 공격에 대비한 생존 본능이에요 | 소는 네 개의 위를 가지고 있어요

### 앵무새는 어떻게 말을 할까? 70
앵무새 혀는 사람 혀와 비슷해요 | 뜻은 모르고 소리만 따라 해요

### 기린은 왜 서서 잘까? 73
서서 자야 쉽게 도망칠 수 있어요 | 앉아서 잠을 자는 경우도 있어요 | 많은 초식 동물들은 서서 잠을 자요 | 특이하게 잠자는 동물들이 많아요

### 청개구리는 왜 몸의 색깔이 변할까? 78
천적한테서 자신을 지키는 보호색이에요 | 피부의 표피 색소가 여러 가지 색깔로 변해요 | 많은 동물들이 보호색을 가져요

### 얼룩말에는 왜 얼룩무늬가 있을까? 82
얼룩무늬는 일종의 보호색이에요 | 얼룩말의 얼룩무늬는 맹수들을 혼란에 빠트려요 | 얼룩무늬는 체체파리도 막아 내요

### 닭은 왜 아침이 되면 울까? 87
닭은 민감하게 빛에 반응해요 | 빛이 없으면 닭은 아침이 되어도 울지 못해요 | 암탉은 수탉보다 잘 울지 않아요

### 박쥐는 보지도 않고 어떻게 장애물을 피할까? 91
박쥐는 눈 대신 초음파를 써서 생활해요 | 박쥐는 다리에 힘이 없어 물구나무서요 | 박쥐는 하늘을 나는 유일한 포유류예요

### 암컷 사마귀는 왜 수컷 사마귀를 잡아먹을까? 95
암컷은 짝짓기 후 배가 고파서 수컷을 잡아먹어요 | 암컷 사마귀에서 나오는 거품은 사마귀 알이에요

## 호랑이와 사자가 싸우면 누가 이길까? 99
야생에 사는 호랑이와 사자가 자연스럽게 만날 일은 없어요 | 체격과 완력에 강한 호랑이, 스피드와 단체전에 강한 사자 | 사자와 호랑이의 승패는 엎치락뒤치락해요

## 펭귄과 북극곰은 사는 곳이 바뀌면 어떻게 될까? 103
남극과 북극은 기후 환경이 엄연히 달라요 | 펭귄은 북극에서 살 수 있어요 | 북극곰이 남극으로 가면 죽을 수도 있어요

## 하마는 왜 붉은 땀을 흘릴까? 108
햇빛을 오랫동안 받으면 붉은 땀을 흘려요 | 하마는 땀을 흘려 몸을 보호해요 | 하마는 하루에 12~18시간씩 물속에 있어요

## 해마는 정말로 수컷이 출산할까? 112
수컷은 육아낭을 통해 알을 품어 부화시켜요 | 수컷은 육아낭에 산소와 영양분을 공급해요 | 가시고기도 부성애가 아주 강해요

## 오리는 왜 뒤뚱뒤뚱 걸을까? 116
오리는 물에서 살기 좋은 발을 가지고 있어요 | 오리는 물 위에 뜨기 좋은 몸통을 지니고 있어요 | 오리는 털이 물에 젖지 않아요

## 악어는 암수가 어떻게 결정될까? 120
악어의 암수는 부화할 때의 온도에 따라 결정돼요 | 파충류들은 온도에 따라 암수가 결정되는 경우가 많아요 | 지구 온난화로 암수 비율에 문제가 올 수 있어요

# 아이들이 〈초등과학 잡아주는〉 시리즈를 읽으면 좋은 이유

## 1 과학의 흥미를 높여 주는 과학책의 백미

〈초등과학 잡아주는〉 시리즈는 아이들이 생활 속에서 부모님께 가장 많이 질문하는 것에 대한 해답들을 담고 있습니다. 이때 쉽고 재미있게 궁금증을 해결해 주지 않으면 아이들은 금방 과학에 대한 호기심을 잃고 심지어 싫어하는 경우도 생깁니다. 그래서 이 책은 아이들이 자신의 호기심과 궁금증을 해결하고 싶어서 책을 들추어 보다가 과학의 비밀을 깨치도록 하여 과학을 공부한다고 느끼지 않게 만들었습니다. 또한 아이들의 호기심을 해결해 주는 생활 속 해결사 노릇을 하면서 아이들을 과학에 빠져들게 합니다.

## 2 모든 과학은 호기심으로부터 출발합니다

모든 과학은 호기심으로부터 출발합니다. 그리고 그 호기심은 대부분 우리의 일상과 자연 현상에 대한 궁금증에서 옵니다. 별은 왜 반짝이는지, 지구는 어떻게 도는지, 바다는 왜 파란지, 달은 왜 커졌다 작아졌다 하는지, 계절은 왜 바뀌는지 등등 온갖 궁금증을 쏟아 내는 모습이 꼭 과학자가 될 듯합니다. 이때가 가장 중요합니다. 이처럼 일상의 궁금증에서 출발해 쉽고 재미있게 과학의 원리와 이치를 알게 되면 아이들은 과학에 대한 흥미를 지속적으로 가져갈 수 있습니다.

## 3 과학은 세계를 이해하는 방법이고 출발점입니다

과학과 친해지면 아이들은 우주와 자연이 어떤 규칙을 가지고 우리가 예측할 수 있는 방식으로 움직인다는 것을 깨닫게 됩니다. 그리고 이런 규칙과 움직임을 인간의 사고력으로 탐구하고 밝혀내 생활에 응용하는 것이 바로 과학이라는 것도 알게 됩니다. 그래서 아이들이 과학과 친해진다는 것은 세상을 흥미진진하게 바라보는 통찰력과 논리적 사고력을 함께 기르게 된다는 것을 의미합니다. 그리고 이 통찰력과 사고력은 다른 영역을 이해하는 데 튼튼한 디딤돌 역할을 합니다. 이처럼 과학은 세계를 이해하는 하나의 방법이자 출발점입니다.

## 4 과학의 첫 단추, 〈초등과학 잡아주는〉 시리즈

아이들이 교과서 속에서 만나는 과학은 자칫 잘못하면 따분하고 지루하게 느껴질 수 있습니다. 그래서 학년이 올라갈수록 점점 과학을 멀리하게 됩니다. 이런 까닭에 과학 공부는 첫 단추가 가장 중요합니다. 첫 단추를 잘 끼우면 과학은 재미있고 흥미 있는 것이지만 첫 단추를 잘못 끼우면 과학은 어렵고 힘들다는 선입견에서 벗어나기 어렵습니다. 그래서 〈초등과학 잡아주는〉 시리즈는 다른 어떤 과학책보다도 과학의 흥미를 잘 깨치도록 만들었습니다. 부디 우리 아이들이 〈초등과학 잡아주는〉 시리즈를 통하여 과학에 대한 흥미와 탐구 정신을 한껏 높일 수 있기를 바랍니다.

## 파리는 코가 다리에 있어요

 사람은 코나 혀를 통해서 냄새나 맛을 느껴요. 그러나 파리와 같은 곤충들은 '올팩터'라는 감각 기관을 통해서 냄새를 맡아요. 그중에서도 파리는 냄새를 맡는 감각 기관이 다리에 있어요. 그렇기 때문에 다리에 불순물이 붙으면 냄새를 잘 맡을 수 없어서, 파리는 시간이 날 때마다 다리를 싹싹 비벼 불순물을 털어 내는 거예요. 마치 우리가 냄새를 맡기 위해 막힌 코를 풀거나, 소리를 잘 듣기 위해 귓속의 귀지를 파내는 것처럼 말이에요.

## 파리는 빨판을 청소하느라 앞다리를 비벼요

 파리의 다리 끝에는 빨판이라는 것이 있어요. 이것은

## 거미만 빼고 다 걸리는 거미줄

살아 있는 먹이만 먹는 거미는 파리, 모기 등 곤충을 잡기 위해 끈끈한 거미줄을 쳐요. 거미는 꽁무니에서 실을 뽑아 거미줄을 치는데 신기하게도 가로줄에는 끈끈한 액이 묻어 있고 세로줄에는 아무것도 묻어 있지 않아요. 이때 거미는 세로줄만 밟고 다니기 때문에 거미줄에 들러붙지 않는다고 해요. 그리고 거미의 다리와 몸에 난 기름 묻은 털도 줄에 들러붙지 않도록 도와줘요.

파리가 어딘가에 달라붙을 때 미끄러지지 않도록 도와주는 역할을 해요. 파리가 천장에 거꾸로 매달릴 수 있는 것도 바로 이 빨판 덕분이에요. 그런데 이곳을 청소하지 않으면 먼지가 끼고 습기가 없어지기 때문에 천장이나 유리 같은 곳에 앉기 힘들어져요. 파리가 앞다리를 싹싹 비비는 또 다른 이유는 빨판에 묻은 먼지를 털어 내기 위해서예요.

그리고 파리는 수시로 주둥이로 침을 묻혀 빨판을 핥아서 빨판에 적당한 끈기를 유지시키려고 노력해요. 그래야 어디든지 착 잘 붙을 수 있으니까요.

▲ 거미는 자신이 만든 거미줄에 걸리지 않는다.

## 파리가 오염시킨 음식은 사람을 병들게 할 수 있어요

파리가 좋아하는 것은 대부분 동물의 변이나 음식물 쓰레기예요. 그곳에는 세균이 어마어마하게 많은데, 파리는 이곳저곳 날아다니면서 그 세균을 다리에 묻혀 옮기게 되어요. 그 탓에 파리 몸속에는 무려 1,700만 개 이상의 세균을 지니고 있어요. 다리에 세균을 잔뜩 묻힌 파리가 인간이 먹는 음식으로 날아오면, 인간이 먹는 음식에도 동물의 변이나 음식물 쓰레기에서 묻은 세균을 옮기게 되요. 자칫하면 그 세균이 사람에게 해를 끼칠 수 있어요.

만약 파리가 오염시킨 음식을 사람이 잘못 먹게 되면 장티푸스, 장염, 콜레라 같은 전염병에 걸릴 수도 있고, 또 기생충이 옮

▲ 파리는 끊임없이 앞다리를 비벼 빨판을 청소한다.

아서 눈병과 폐렴, 소아마비 등에 걸릴 수 있으니 언제나 청결에 신경 써야 해요.

# 모기에 물리면 왜 가려울까?

### 모기의 침 때문에 가려움을 느껴요

사람은 모기에 물리면 피부가 부어오르거나 가려움을 느껴요. 가려움을 느끼는 원인은 바로 모기의 침 때문이에요.

모기가 사람의 몸속에 자신의 침을 섞어 넣는 이유는 사람의 피를 굳지 못하게 하려는 거예요. 사람의 핏속에는 피를 굳게 하는 요소인 혈소판이라는 것이 있어요. 이것은 피가 나면 얼른 피를 굳게 딱지를 만들어서 더 이상 피를 흘리지 못하게 해요.

만약 사람의 피 속에 피를 굳게 하는 혈소판이 없다면 사람은 조그만 상처에도 피가 멈추지 않아 과다 출혈로 죽고 말 거예요.

## 피를 못 굳게 하려고 침을 넣어요

모기는 왜 피를 굳지 못하게 하려는 걸까요? 모기의 입장에서는 힘들게 피를 뽑았는데 바로 굳어버리면 먹을 수가 없어요. 또한 모기가 사람의 피부에 주둥이를 찔러 넣었는데 그 사이에 피가 굳어 버리면 주둥이가 박힌 채 빠지지 않게 되겠지요. 그래서 피를 굳지 않게 하려는 거예요. 모기는 피가 굳는 것을 막기 위해 사람의 핏속에 자신의 침을 섞어 넣어요.

모기의 침 속에는 사람 몸에 가려움을 유발시키고 부풀어 오르게 만드는 '하루딘'이라는 성분이 있어요. 이때 하

### 하루를 넘게 사는 하루살이

실제로 우리가 하루살이라고 부르는 벌레들이 꼭 하루만 사는 것은 아니에요. 하루살이는 알, 애벌레, 어른벌레의 세 단계를 거쳐서 곤충이 되어요. 그리고 우리가 하루살이라고 부르는 것은 어른벌레를 말해요. 하루살이는 보통 2~3일을 살고 길게는 7~10일까지도 산다고 해요. 그러니까 하루살이 이름이 붙은 것은 하루만 산다는 의미가 아니라, 그만큼 사는 기간이 짧다는 의미예요.

루딘이 우리 몸에 들어와 '히스타민'이라는 성분을 분비시켜서 가려움을 일으켜요. 그러면 피가 굳는 시간이 늦어지면서 그 사이 모기는 피를 빨아먹을 수 있게 되지요. 그래서 모기가 떠나도 모기에 물린 부위는 계속 빨갛게 부어오르고 가려운 거예요.

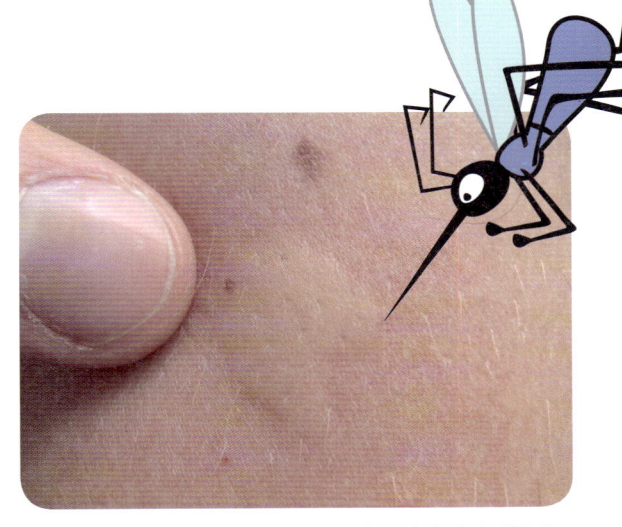
▲ 모기는 물면서 피가 굳지 않도록 침을 섞어 넣기 때문에 물린 부위가 붓는다.

## 모기는 이산화탄소 등으로 사람을 찾아내요

모기는 사람이 숨을 쉴 때 나오는 이산화탄소를 기가 막히게 잘 찾아내요. 그래서 캄캄한 곳에서도 사람이 있는 곳을 쉽게 파악할 수 있어요. 그럼 숨을 안 쉬면 모기를 피할 수 있을까요? 그렇지 않아요. 모기는 이산화탄소뿐만

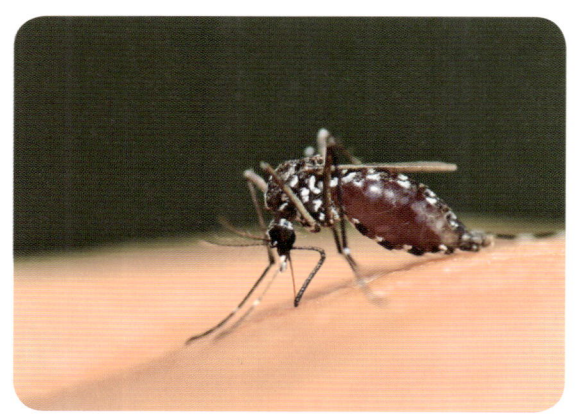

▲ 암컷 모기는 알을 낳을 때 필요한 영양분을 얻으려고 피를 빤다.

아니라 발 냄새, 땀 냄새 등 사람에게서 나는 여러 가지 냄새를 맡을 수 있어요.

## 알을 낳기 위해서 암컷 모기만 피를 빨아요

우리가 알고 있는 것과 달리 모기의 주식은 피가 아니에요. 모기는 주로 꽃 속의 꿀이나 식물의 수액을 빨아먹고 살아요. 그렇다면 모기가 사람이나 동물의 피를 빨아먹는 이유는 무엇 때문일까요?

바로 알을 낳기 위한 영양분을 보충하기 위해서예요. 알이 자라기 위해서는 우리 혈액 속에 들어 있는 단백질이 꼭 필요하거든요. 그래서 피를 빨아먹는 것은 오직 알을 낳는 암컷 모기뿐이에요.

## 날지 못하는 새, 펭귄

펭귄은 남극 지방에 사는 대표적인 새예요. 하지만 잘 알다시피 펭귄은 날지 못하는 새지요. 날지 못하는 새로는 우리가 흔히 볼 수 있는 닭도 있어요. 닭은 날개는 있지만 몸이 무거워 조금 날다가 그냥 땅으로 떨어지고 말아요.
펭귄은 날개 자체가 전혀 날개 같지 않고 오히려 지느러미 모양을 닮았어요. 펭귄은 아예 날 수 없지만 대신 물속에서 빠르게 헤엄치면서 물고기 등을 잡아먹고 살아요.

## 어느 한쪽 극만 접촉하면 감전되지 않아요

전기는 양극과 음극으로 나누어져요. 그리고 전기가 통하는 감전은 양극(+)과 음극(-)을 동시에 접촉했을 때 발생해요. 감전이란 전압 차이가 발생하여 몸에 전기가 흐르는 현상을 말해요. 하지만 양극 음극 가운데 어느 한 극에만 접촉할 때에는 감전이 되지 않아요.

수만 볼트의 고압선에 무리 지어 앉아 있는 새들이 감전되지 않는 것도 바로 이런 이유예요. 몸집이 작은 새들은 양극과 음극 중 어느 한 극만 흐르는 전선에 발을 딛고 있어서 감전이 되지 않는 거예요.

## 새들도 양쪽 극을 다 접촉하면 감전되어요

만약 고압선 위에 앉은 새가 한쪽 발은 양극(+) 전선, 다른 한쪽 발은 음극(-) 전선에 걸치면 그 순간 두 전선 사이에 발생된 전압 차이에 의해 새의 몸으로 전기가 흐르게 되어요. 그러면 새도 바로 감전이 되지요. 또 어느 한 극에만 발을 디뎠다 하더라도 전선을 감싸고 있는 피복이 벗겨지면 감전될 위험이 커져요. 피복은 강한 절연체로 만들어져 전기가 통하는 것을 예방하는데, 이것이 벗겨지면 그만큼 전류가 흐를 가능성이 커지기 때문이에요. 절연체란 열이나 전기를 잘 전달하지 않는 물체인 유리나 고무 따위를 말해요.

도시화된 요즘은 새들이 전봇

▲ 지느러미 모양의 날개를 가진 펭귄은 날 수 없는 새다.

▲ 새들은 전깃줄에 앉아 있어도 감전되지 않는다.

대 꼭대기에 둥지를 만드는 경우가 많은데, 자칫 잘못하면 둥지가 서로 다른 전선에 동시에 접촉하게 되어 감전될 수도 있어요.

## 생물은 물, 산소 그리고 적당한 온도가 필요해요

사람이나 나무 같은 생물이 살아가기 위해서는 반드시 공기, 물, 온도의 세 가지 조건이 필요해요. 그중에서도 공기는 생물이 숨을 쉴 수 있게 해 주고, 우주에서 지구로 들어오는 해로운 광선을 막아 주는 역할을 해요. 공기 덕분에 지구는 생물이 살 수 있는 알맞은 온도를 유지할 수 있어요.

또한 물은 생물체의 70~80%를 차지하는 성분으로 우리 몸의 온도를 조절해 주고 노폐물을 배출시키는 등 다양한 작용을 해요.

▲ 개를 포함한 포유류들은 새끼를 낳고 젖을 먹여 기른다.

## 지구는 온실 효과로 지구를 따뜻하게 해요

지구의 대기는 태양으로부터 데워진 지구 표면을 대기 속에 가두어 적당한 온도를 유지하게끔 하는데 이를 '온실 효과'라고 해요. 지구는 이 온실 효과를 통해 평균 15도 정도의 기온을 유지해요. 그래서 생물체가 살아가기에 알맞은 온도를 제공해요. 이러한 지구의 조건으로 인해 지구에는 사람을 비롯한 많은 생물체가 존재하고 살아갈 수 있어요.

## 모든 생명체는 주변 환경에 맞춰 진화해요

지구에서만 생물체가 살 수 있다고 장담할 수는 없어요. 왜냐하면 우주는 너무나 넓고 그 안에는 수많은 행성이 존재하기 때문이에요. 그래서 우주 과학자들은 우주에 지구와 아주 흡사한 환경을 가진 행성이 최소한 2,000개

정도는 될 것이라고 이야기하지요. 뿐만 아니라 지구에 사는 생물이 공기와 물, 적당한 온도를 필수 조건으로 한다고 해서 모든 행성의 생물체 또한 그 조건을 충족해야만 살 수 있는 것도 아니에요.

지구 생물의 역사를 살펴보더라도 모든 생명체는 그 주변 환경에 맞게 몸을 진화해 온 것을 알 수 있어요. 물론 가능성은 희박하지만 저 먼 우주 어딘가에는 산소로 호흡하지 않고, 물이 없어도 살 수 있는 생물체가 존재할 수도 있는 거예요. 물론 그 모습은 지구에 살고 있는 생물체와는 많이 다르겠지만 말이지요.

### 동물들의 구분

사람처럼 새끼를 낳고 젖을 먹여 키우는 동물을 포유류라고 해요. 포유류에는 사람, 개, 기린, 고래 등이 포함되어요. 그리고 조류는 날개가 있고 온몸이 깃털로 덮여 있으며 알을 낳아요. 조류의 대표적인 동물로는 참새, 비둘기, 꿩 등이 있는데 닭, 타조, 펭귄처럼 날지 못하는 조류도 있어요. 또한 파충류는 온몸이 비늘이나 딱딱한 껍데기로 싸여 있고 알을 낳아요. 악어, 거북, 도마뱀 등이 파충류에 속해요. 한편 어류는 물속에 사는 동물로 몸의 표면은 비늘로 덮여 있고 호흡은 아가미를 이용해요.

## 항온 동물은 늘 일정한 체온을 가진 동물이에요

항온 동물은 주위의 환경이나 기온에 상관없이 늘 일정한 체온을 유지하는 동물을 말해요. 다른 말로는 늘 일정하게 따뜻한 피를 가지고 있어서 '온혈 동물' 또는 늘 같은 체온을 유지한다고 '정온 동물'이라고도 해요. 대표적인 항온 동물에는 사람을 비롯한 사슴, 호랑이, 기러기 같은 포유류와 조류가 여기에 해당돼요. 이들은 날이 더워지면 땀을 흘리거나 호흡을 빠르게 내쉬는 방식으로, 추워지면 제 몸에 돋아난 털을 이용하여 체온을 조절해요.

## 변온 동물은 환경에 따라 체온이 변화하는 동물이에요

▲ 체온을 올리기 위해 바위 위에서 일광욕을 하는 도마뱀

변온 동물은 바깥 기온에 따라 몸의 체온이 변하는 동물을 말해요. 온도에 민감한 이 동물들은 바깥 온도가 높으면 함께 체온이 올라가고, 바깥 온도가 낮으면 덩달아 체온도 내려가요.

한 예로 도롱뇽은 아침마다 돌 위에 올라 해를 바라보며 일광욕을 하는데, 바로 햇볕을 쬐어 자신의 체온을 올리기 위한 것이에요. 한편, 변온 동물에는 개구리와 악어 거북 등 거의 모든 어류와 양서류, 파충류가 여기에 포함되어요.

## 항온 동물인 사람도 체온이 변할 수 있어요

사람은 항온 동물이기 때문에 체온을 일정하게 유지하

기 위해 여러 가지 노력을 해요. 그러나 사람의 체온도 하루를 주기로, 혹은 계절의 변화에 따라 조금씩 변할 수 있어요.

사람이 낮에 활동을 할 때는 '아드레날린'이나 '코티졸'과 같은 호르몬이 분비되면서 에너지 대사가 늘어나 혈액 순환이 활발해져요. 그래서 이때는 평소보다 체온이 조금 상승해요. 하지만 밤이 되어 수면에 들어가면 낮에 나오던 호르몬이 줄어들고 대신 성장 호르몬이 분비되면서 몸은 휴식에 들어가요. 그러면 혈액의 흐름은 느려지고 체온은 조금 떨어지게 되어요. 잠자리에 들어야 할 밤에 바람을 많이 맞으면 감기에 쉽게 걸리는 것도 바로 이런 이유 때문이에요.

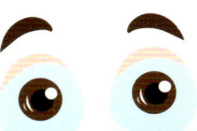

### 아기집 캥거루의 주머니

오스트레일리아에 사는 캥거루는 배에 주머니가 달려 있어요. 이 주머니는 사람처럼 물건을 넣는 곳이 아니라 새끼를 키우는 집과 같은 역할을 해요. 캥거루의 새끼는 처음 태어나면 겨우 2센티미터 정도밖에 안돼요. 그래서 이 안전한 주머니 안에서 열 달 이상 있으면서 젖을 먹고, 걸을 수 있으면 주머니 밖으로 나와요.

## 먹고 먹히는 관계를 말해요

이 세상은 식물과 동물, 미생물 등 다양한 동식물이 함께 어우러져 살아가요. 이렇게 많은 생물들이 함께 살아가는 것을 '생태계'라고 해요. 이들이 공존하기 위해서는 생태계가 균형을 이루어야 해요. 그래서 동식물은 서로 먹고 먹히면서 생태계의 균형을 맞춰 가는데, 이렇게 생태계 속에서 먹이를 중심으로 먹고 먹히는 관계를 '먹이 사슬'이라고 해요.

## 먹이 사슬은 사슬처럼 이어져요

먹이 사슬은 크게 생산자인 녹색 식물과 소비자인 야생 동물과 곤충 그리고 분해자인 미생물로 나뉘어요. 이때 생산자인 식물은 누군가를 소비하지 않고, 스스로 태

35

### 먹이 사슬보다 복잡한 먹이 그물

먹이 사슬이 서로 먹고 먹히는 천적 관계를 표현하는 것이라면 먹이 그물은 먹이 사슬보다 복잡한 먹이 관계를 말해요.

예를 들면, 뱀과 개구리는 천적 관계로 개구리는 뱀에게 꼼짝 못하고 잡아먹혀요. 이를테면 고양이와 쥐의 관계와 비슷해요. 하지만 고양이가 쥐만 먹고사는 것은 아니에요. 쥐뿐만 아니라 여러 동물의 찌꺼기도 즐겨 먹어요. 이처럼 먹이 그물은 천적 관계뿐만 아니라 먹이 사슬보다 복잡한 다양한 먹이의 관계를 말해요.

양빛을 통해 양분을 얻어요. 그래서 생산자라고 해요. 그 다음이 1차 소비자예요. 1차 소비자는 식물을 먹고사는 진딧물과 곤충 그리고 초식 동물이에요. 이들은 2차 소비자인 작은 육식 동물에게 먹히고, 또 작은 육식 동물은 3차 소비자인 큰 육식 동물에 의해 먹혀요. 그리고 3차 소비자인 큰 육식 동물이 죽고 나면 거름이 되면서 녹색 식물의 영양분이 되어요.

## 먹이 사슬은 피라미드 구조예요

먹이 사슬을 이루는 것들은 소비자보다 생산자의 수가

훨씬 많아요. 왜냐하면 육식 동물, 즉 3차 소비자는 그 먹이가 되는 동물들에 의존하여 생활하기 때문이지요. 예를 들어, 육식 동물인 사자와 풀은 아무런 상관이 없는 것 같지만 실은 대단

▲ 개구리를 잡아먹는 뱀

히 중요한 관계로 얽혀 있어요. 물론 사자는 풀을 먹지 않아요. 그러나 사자가 잡아먹는 초식 동물은 풀을 주식으로 하고 있어요. 만약 풀이 자라지 않으면 초식 동물들은 지구상에서 사라질 것이고, 초식 동물이 사라지면 사자도 꼼짝없이 굶어 죽게 되는 거예요. 이렇듯 육식 동물인 3차 소비자는 생산자인 풀과 중요한 관계로 얽혀 있어요.

또한 소비자의 수가 생산자보다 많아서도 안 돼요. 만약 생산자인 풀을 먹는 1차 소비자 사슴의 수가 풀보다 더 많아지면 사슴들의 먹이가 부족해지게 되고, 결국 사슴들

은 굶어 죽고 말아요. 사슴의 수가 줄어들면 자연히 사슴을 잡아먹고 사는 사자들의 수도 줄어들어 생태계가 파괴되고 말아요. 그래서 먹이 사슬에서는 소비자보다 생산자의 수가 더 많아야 해요.

 우리가 사는 생태계는 균형을 맞추기 위해 생산자가 가장 많고 소비자가 적어지는 모습을 보이고 있어요. 이런 것을 '피라미드 구조'라고 해요.

## 먹이를 구하기 힘들어 겨울잠을 자요

찬바람이 부는 겨울이 오면 동물들을 찾아보기 힘들어져요. 동물들은 다들 어디로 간 것일까요?

날씨가 추워지면 동물들은 겨울잠을 자러 땅 속이나 나무 밑으로 들어가요. 추운 날씨 탓에 체온이 지나치게 낮아지는 것을 막기 위해서 잠을 자는 것이지요. 또한 겨울이 되면 나뭇잎도 다 떨어지고 곤충들도 활동을 하지 않기 때문에 먹을 것을 구하기 어려워요. 그렇기 때문에 최대한 몸의 에너지를 절약하기 위해서 애를 써요.

몸의 에너지를 가장 적게 사용하는 행동이 바로 잠을 자는 것으로, 동물들은 겨울잠을 자기 전에 먹이를 많이 먹어 에너지를 보충한 뒤 겨우내 잠을 자며 추운 겨울을 버텨요.

▲ 동굴 바위 틈에서 잠을 자는 박쥐

## 겨울잠은 개구리 방식과 곰 방식이 있어요

　동물들이 겨울잠을 자는 방식은 '개구리형'과 '곰형'으로 나뉘어요.

　우선 개구리형은 온도 변화가 적은 땅 속, 즉 돌이나 쓰러진 나무 밑으로 들어가 잠을 자는 방식이에요. 주로 개구리, 뱀, 거북과 같이 바깥 날씨에 따라 체온이 변하는 변온 동물이 이런 방법을 사용해요.

　그 다음으로는 곰형이 있는데 곰형은 동굴이나 나무 구멍, 땅 속에서 겨울잠을 자는 것을 말해요. 주로 곰과 박쥐, 고슴도치 등 바깥 온도와 관계없이 일정한 체온을 유지하는 항온 동물인 포유류가 여기에 해당돼요.

　본격적으로 겨울잠에 빠져들면 동물들의 체온은 1~2도까지 내려가고 평소 1분에 약 350번 뛰던 심장도 겨우 3번 정도로 느리게 뛰면서 거의 죽은 상태와 가까워져요. 그

렇지만 동물들은 죽은 것이 아니라 몸속의 에너지를 통해 스스로 열을 만들어서 체온을 유지하면서 살아 있어요.

## 생체 시계를 통해 봄이 왔다는 것을 알아요

겨우내 깊은 잠에 빠져 있던 동물들은 어떻게 봄이 온 것을 알 수 있을까요?

우선 개구리형은 주위 기온에 영향을 받는 변온 동물이기 때문에 자신의 체온이 올라가는 것을 느끼면서 봄이 왔다는 것을 깨달아요. 항온 동물이 자는 방식인 곰형은 신경 세포가 모여 있는 중추의 생체 시계를 통해서 봄이 왔다는 것을 알아내요.

생체 시계란 동식물의 다양한 생리와 노화 등의 주기적 리듬을 담당하는 기관으로 체온 조절과 혈압 변화에 직접적인 영향을 미쳐요. 비록 생체 시계가 어떤 방식을 통해 봄이 온 것을 알려 주는지는 명확히 밝혀지지 않았으나 겨울잠에 빠져 있던 동물들은 생체 시계를 통해 이것을 알아내요.

## 유인원은 원숭이를 통틀어 이르는 말이에요

유인원은 성성이, 고릴라, 오랑우탄, 침팬지 등 꼬리가 없고, 사람과 가장 가까운 원숭이를 모두 가리키는 말이에요. 유인원은 긴팔원숭이와 같은 소형 유인원과 오랑우탄, 침팬지와 같은 대형 유인원으로 나누어져요.

소형 유인원은 비교적 단순한 모양의 뇌를 가진 것에 비해, 대형 유인원은 지능이 매우 높다는 특징이 있어요. 유인원은 대체로 커다란 뇌를 가지고 있으며, 두개골의 기본 구조가 사람

▲ 웃고 있는 침팬치. 인간과 표정이 비슷하다.

### 세상에서 가장 빠른 동물 치타

육지에 사는 동물 중에 가장 빠르게 달리는 동물은 무엇일까요? 사자도 아니고 사슴도 아닌 바로 치타예요. 치타는 가장 빨리 달릴 때 무려 시속 113킬로미터까지 달릴 수 있다고 해요. 치타가 다른 동물과 달리 이렇게 빨리 달릴 수 있는 이유는 속도를 높일 수 있게끔 등뼈를 구부릴 수 있어서 그렇다고 해요. 또한 빨리 달리기에 적합한 신체 구조로 몸이 가늘고 길며, 네 다리도 길어요. 이렇듯 달리기에 유리한 신체 조건을 타고난 치타는 단거리 달리기에는 육지의 어느 동물보다도 빠르지만, 장거리 달리기에는 빠르게 달리지는 못해요.

과 비슷하고 사람처럼 꼿꼿하게 허리를 세우는, 직립에 가까운 자세를 취할 수 있어요. 그래서 사람의 진화를 연구하는 데 중요한 연구 대상이 되어요.

## 사람과 침팬지는 무려 98.75퍼센트가 일치해요

유인원 중에서도 침팬지는 유전적으로 사람과 가장 많이 닮아 있어요. 2003년, 6개국 과학자들이 참여해서 연구한 결과에 의하면 사람과 침팬지의 유전자 구조는 무려 98.75퍼센트나 일치한다고 해요. 그리고 혈액 등의 생물 화학적 성질도 사람과 무척 가깝다고 밝혀졌어요. 연구 결과에 따르면, 사람과 침팬지로 갈라지는 유일한 차이는 겨우 1퍼센트로 나뉜다는 거예요. 이 작은 차이 때문에 한쪽은 사람이 되고 한쪽은 침팬지가 된다는 말이지요. 그러나 사람과 침팬지 사이에 건널 수 없는 차이를 만든 유전자 1퍼센트는 아직도 명확히 밝혀진 바가 없어서 풀리지 않는 수수께끼로 남아 있어요.

## 공룡은 약 6,550만 년 전에 멸종되었어요

공룡은 지구상에 인류가 등장하기 전, 중생대에 번식했던 대형 파충류예요. 그러나 공룡은 지금으로부터 약 6,550만 년 전, 홀연히 지구에서 자취를 감추었어요. 과학자들은 지구의 무법자로도 불렸던 공룡이 한순간에 사라진 것을 의아하게 생각하며 그 이유를 알아내려고 노력했어요. 오늘날까지도 공룡이 멸종한 이유에 대한 연구가 계속되고 있지만 명확하게 밝혀진 것이 없으며 약 100여 가지 이상의 가설만 제기되고 있어요.

## 멸종 이유로 운석 충돌설이 있어요

많은 과학자들이 가장 유력하게 주장하는 가설은 바로

▲ 공룡이 있던 시대를 그린 가상도

'운석 충돌설'이에요. 운석 충돌설에 따르면 공룡들이 살고 있던 중생대 때 지름이 약 10킬로미터에 달하는 운석이 떨어져 일어났다고 해요. 이 운석이 빠른 속도로 지구와 부딪쳤는데 이 충격으로 인해 지구에는 어마어마한 크기의 웅덩이가 생겼을 거라고 해요. 그리고 이때 발생한 많은 양의 먼지가 대기를 덮으며 햇빛을 막았어요. 따뜻한 빛이 지구에 닿지 않자 지구의 기온은 급속히 떨어졌는데 이 때문에 생태계의 균형이 깨져 버리게 되었어요. 우선 광합성을 할 수 없으니 식물이 자랄 수 없고, 식물을 먹지 못한 초식 동물이 굶어 죽자, 그들을

### 다윈의 『종의 기원』

영국의 생물학자 찰스 다윈은 자신이 지은 책 『종의 기원』에서 환경에 적응한 생물은 살아남고 그렇지 못한 생물은 사라진다고 말했는데, 이것을 진화론이라고 해요. 찰스 다윈이 진화론에 관한 확신을 가지게 해 준 곳이 바로 갈라파고스 섬이에요. 다윈은 갈파라고스 섬에서 살아가는 거북 등을 보고 생물은 환경의 적응을 통해 진화한다는 확신을 가지게 되었어요. 그리고 그 주장을 『종의 기원』을 통해 발표했어요. 알고 보면 공룡도 결국은 지구의 변화에 적응하지 못해 멸종한 거예요.

먹고 살던 육식 공룡도 차례로 멸종한 거예요.

## 공룡이 살았던 자취는 화석으로 남아 있어요

비록 공룡은 오래 전 멸종해 버렸지만, 오늘날 공룡의 모습을 그대로 다시 재현해 낼 수 있는 것은 세계 곳곳에 남겨진 공룡의 화석 덕분이에요. 공룡 화석은 주로 중생대의 지층에서 발견되어요. 특히 공룡 화석이 많이 발견된 유명한 지역으로는 미국의 유타 주, 중앙아시아의 몽골 등이 있으며, 우리나라에서도 다수의 공룡 화석이 출토되었어요.

▲ 현재까지도 남아 있는 공룡의 화석

# 땀샘이 작아서 제 기능을 못해요

날씨가 더워지면 사람들은 몸의 체온을 조절하기 위해서 땀을 흘려요. 사람의 피부에는 약 200~400만 개에 달하는 땀샘이 있고 그곳에서 땀이 흐르면서 몸 안의 노폐물도 함께 빠져나와요. 그런데 개가 땀을 흘리는 걸 본 적이 있나요? 땀을 흘리지 못하는 개는 땀샘이 없는 걸까요?

개도 땀샘이 있기는 있어요. 발바닥에 너무 작게 분포되어 있어 제 기능을 하지 못할 뿐이에요. 그러니까 사실 없는 것이나 마찬가지예요. 땀샘에서 땀을 내보

## 개와 고양이가 자주 싸우는 이유

개와 고양이의 사이가 나쁘다는 것은 옛날부터 알려져 있어요. 하지만 개와 고양이가 서로 마주칠 때 싸우게 되는 결정적인 이유는 두 동물의 행동 습성이 달라서 그래요. 개는 기분이 나쁘면 꼬리를 내리고 으르렁거리고 기분이 좋으면 꼬리를 올리고 살랑살랑 흔들어요. 반면 고양이는 기분이 나쁠 때 꼬리를 올리고 싸울 준비를 해요. 그러니까 고양이는 개가 반가운 마음에 꼬리를 올리고 살랑살랑 흔들면 자신을 공격하는 줄 알아요. 그래서 서로 싸우게 되는 경우가 많아요.

내지 못하기 때문에 대신 개는 입을 크게 벌리고 헉헉 숨을 내쉼으로써 체온을 조절해요. 그리고 이때 혀를 길게 늘어뜨리는 이유는 표면적을 넓게 만들어서 보다 빨리 열을 증발시키기 위해서 그래요.

## 고양이와 돼지도 땀샘이 발달하지 않았어요

개처럼 땀샘이 발달하지 않은 동물로는 고양이와 돼지도 있는데 이들 역시 날씨가 덥거나 흥분을 하면 입을 벌리고 혀를 내밀어 체온을 조절해요. 그러나 고양이의 경우, 개에 비해 선천적으로 더위를 덜 느끼고, 호흡의 깊이가 짧아서 혀를 내놓고 체온을 조절하는 모습이 두드러지지는 않아요.

▲ 개는 혓바닥으로 체온을 조절한다.

반대로 소와 낙타, 곰 등은 땀샘이 발달되어 있어서 땀을 흘려서 체온을 조절할 수 있어요.

## 텃새는 죽을 때까지 한곳에 사는 새예요

우리나라에 사는 새는 모두 370여 종류나 되어요. 이 가운데 참새나 까치처럼 알에서 깨어나 죽을 때까지 한 지역에서만 사는 새를 '텃새'라고 불러요. 이들은 대개 일정한 서식지를 가지며 잠자리도 정해져 있어요. 그러나 말똥가리처럼 여름에는 깊은 산에 들어가 번식하고, 겨울에는 사람이 사는 시골이나 도시에 둥지를 트는 텃새이면서도 계절에 따라 사는 곳을 옮기는 경우도 드물게 찾아볼 수 있어요.

## 철새는 한곳에 머무르지 않고 옮겨 다녀요

철새는 새끼를 낳아 기르는 곳과 겨울을 나는 곳이 달라 때가 되면 먼 곳을 오가는 새를 말해요. 특히 계절의 변화

▲ 알맞은 기후와 풍부한 먹이를 찾아 떠나는 철새들

▲ 여름 철새 중 하나인 두견새

가 뚜렷한 우리나라에서는 다양한 철새들을 만나볼 수 있어요.

우선 가을에는 북쪽에서 새끼를 낳아 번식하다가 겨울을 우리나라에서 지내는 철새가 있어요. 이 새들을 겨울 철새라고 부르는데 대표적으로 고니와 기러기가 있어요.

그리고 이른 봄이나 초여름, 남쪽에서 날아와 여름을 보내고 떠나는 여름 철새로 제비와 두견새를 들 수 있어요.

## 철새는 먹이와 날씨 때문에 사는 곳을 바꿔요

철새가 텃새처럼 한곳에서 살지 않고 서식지를 이동하

는 가장 큰 이유는 먹이와 날씨 때문이에요. 주로 곤충이나 물고기를 잡아먹고 사는 여름 철새들의 경우는 겨울이 되면 먹을 것이 없어서 먹이를 찾아 따뜻한 남쪽으로 떠나요. 이와 마찬가지로 겨울 철새들은 우리나라의 여름이 너무 덥기 때문에 봄이 되면 시원한 북쪽으로 날아가는 거예요.

## 동물에게 수염은 촉각을 담당하는 기관이에요

우리가 그렇듯이 동물도 시각 이외의 다른 감각들을 이용해서 세상을 봐요. 특히 동물들에게 무엇보다 중요한 것이 바로 수염이에요. 사람에게 수염은 살고 죽는 것과 큰 연관성이 없으나 동물들에게 수염은 곤충의 더듬이처럼 중요한 감각 기관의 역할을 하고 있어요. 동물들은 수염을 통해 외부의 변화나 진동, 습도의 차이 등 많은 정보를 얻어 내요. 그래서 대부분의 육식 동물은 물론 쥐나 토끼, 소 같은 초식 동물도 제각기 다른 모양의 수염을 지니고 있어요.

초식 동물들은 수염을 이용해 얼굴 가까이 날아온 벌레를 알아차리고 재빨리 쫓아 버려요. 쥐와 같은 설치류의

동물은 모든 동물 중에서 수염을 가장 많이 활용하여 물체를 탐지하고 시야를 확보하는 데 수염을 사용해요.

## 고양이 수염은 사람 눈과 같아요

고양이의 수염은 다른 털에 비해 피부 깊숙한 곳에서 뻗어 나오며, 마치 지렛대처럼 작은 움직임으로도 커다란 자극을 받아요. 그리고 이러한 자극은 시각 정보와 같은 경로를 따라 뇌로 전달되어 물체의 속도와 방향을 느낄 수 있고 주위 환경에 대한 정보를 파악해요.

만약 고양이에게 수염이 없다면 어떨까요? 방향 감각을 잃어버린 고양이는 아마 제대로 걷지도 못할 거예요. 또한 쥐를 잡는 것은 더더욱 불가능해요. 쥐는 워낙 작고 재빠른 데다 구석진

▲ 고양이 수염은 고양이가 생활하는 데 중요한 역할을 한다.

길로 지나다녀서 쥐를 사냥할 때는 고도의 집중력을 필요로 해요. 그러나 수염이 없는 고양이는 이 작은 사냥감의 속도나 움직임을 전혀 알아낼 수 없어요. 그래서 쥐를 잡기 위한 어떤 공격도 할 수가 없으니 쥐를 잡지 못하는 거예요.

고양이는 무척 시력이 나빠서 눈만으로는 물체와의 간격을 제대로 알 수 없기 때문에 고양이에게 수염은 굉장히 중요한 역할을 해 주어요. 특히 어둠 속에서는 아주 가까운 곳에 있는 대상도 분간을 잘 하지 못할 정도로 눈이 나빠요. 그래서 고양이는 눈 대신 수염에 의존하는 생활을 하는 거예요. 수염이 바로 고양이 눈이나 마찬가지인 거지요.

소는 왜 먹은 걸 토해 낼까?

## 소는 제대로 소화시키기 위해 되새김질을 해요

소는 한 번 위에 들어간 먹이를 토해 낸 다음 다시 입안에서 잘게 부숴요. 이것을 되새김질이라고 해요.

소는 거의 하루 종일 엄청난 양의 먹이를 먹어요. 소가 먹은 풀은 대부분 거칠고 질겨서 한 번 씹어서는 쉽게 소화가 되지 않지요. 그래서 먼저 먹은 것을 토해 내 다시 씹어서 소화가 잘 되도록 연하게 만들어 삼키는 거예요. 이렇듯 되새김질을 하기 때문에 풀을 뜯고 있지 않아도 소의 입은 풀을 씹으며 끊임없이 움직이고 있어요.

▲ 초식 동물들은 맹수의 공격에 대비해 급히 먹은 음식을 되새김질을 통해 다시 제대로 소화시킨다.

## 맹수의 공격에 대비한 생존 본능이에요

도대체 소는 왜 되새김질을 해야 할 만큼 많은 먹이를 한꺼번에 먹는 걸까요? 그것은 바로 소의 생존 본능 때문이에요. 소뿐만 아니라 초식 동물들은 사나운 맹수의 공격이 언제 닥칠지 몰라 늘 불안에 떨고 있어요. 그래서 맹수가 나타나기 전에 먹이를 최대한 많이 먹어서 몸속에 영양분을 모아 놓은 뒤, 나중에 되새김질을 해서 천천히 소화하는 거예요.

### 되새김과 되새김위

한 번 삼킨 음식물을 다시 입안으로 끌어올려 잘 씹은 후에 다시 삼키는 것을 되새김 혹은 반추라고 하고 이러한 일을 돕는 위를 되새김위 혹은 반추위라고 해요. 되새김위를 가진 동물들은 대부분 초식 동물로 급하게 음식을 먹은 후 안전한 곳에서 다시 되새김하여 씹어 먹어 삼켜요.

## 소는 네 개의 위를 가지고 있어요

사람을 포함한 대부분 동물들의 위는 한 개예요. 반면,

소는 무려 네 개나 되는 위를 가지고 있어요. 그래서 먹이를 먹으면 첫 번째 위에 저장하였다가 되새김질을 한 다음, 나머지 세 개의 위를 통해 차례로 소화시켜요.

## 앵무새 혀는 사람 혀와 비슷해요

다들 한 번쯤은 사람처럼 "안녕" 하고 인사하는 앵무새를 본 적이 있을 거예요. 앵무새가 이처럼 사람의 말을 잘 흉내 낼 수 있는 것은 혀의 생김새가 사람과 매우 비슷하기 때문이에요.

보통 새들의 혀는 얇고 끝이 뾰족한 반면, 앵무새의 혀는 사람처럼 U자 모양을 하고 혀끝이 두꺼워요. 그래서 다른 새들은 목구멍 한쪽의 후두 아래 부분에 위치한 울대만을 이용해 소리를 내는데 앵무새만은 사람처럼 혀를 움직여 소리를 내기 때문에 다양한 소리를 낼 수 있는 거예요.

▲ 화려한 색상을 지닌 앵무새는 사람들이 애완용으로 많이 기른다.

## 뜻은 모르고 소리만 따라 해요

앵무새는 사람의 말을 똑같이 따라만 할 뿐 그 뜻은 이해하지 못해요. 그렇다면 누군가 집에 들어섰을 때, 앵무새가 "안녕!" 하고 인사하는 것은 어째서일까요?

그것은 단순한 반복 학습의 결과예요. 앵무새는 사람만큼 머리가 좋지는 않지만 듣는 능력과 기억력이 뛰어나요. 그래서 사람들이 하는 말을 기억해 두었다가 흉내를 내는 거예요.

### 앵무새 같은 구관조

앵무새처럼 사람 말이나 다른 새의 울음소리를 잘 흉내 내는 새로는 구관조도 있어요. 그래서 구관조도 애완용으로 많이 키워요.
구관조는 생김새가 까마귀와 비슷하고 식성은 잡식성이에요. 애완용이 아닌 야생종은 중국과 말레이시아 등에 주로 살고 있어요.

## 서서 자야 쉽게 도망칠 수 있어요

초식 동물인 기린은 적과 싸울 수 있는 무기를 가지고 있지 않아요. 초식 동물은 자신을 노리는 상대가 나타나면 그 즉시 도망치는 게 가장 좋은 방법이에요. 야생에서는 사자나 표범과 같은 육식 동물이 언제 어디서 습격해 올지 몰라요. 그래서 기린은 언제라도 도망치기 쉽게 서서 자는 거예요. 만약 기린이 누워서 잠을 잔다면 적들이 나타났을 때 도망치기 어려워져요. 기린의 긴 목은 물론 덩치도 커서 제대로 도망가지 못해 잡아먹혀요. 기린은 잠자는 시간조차 경계를 늦추지 않기 위해 서서 잠을 자는 거예요. 또한 기린은 서서 잠을 잘 때도 자주 눈을 떠 주변을 살피고 주변 소리에 민감하게 반응하여 자신의 안전을 확인해요.

▲ 기린은 휴식을 취할 때도 맹수들에게 잡아먹히지 않기 위해 경계를 늦추지 않는다.

## 앉아서 잠을 자는 경우도 있어요

기린이 늘 서서 잠을 자는 것은 아니에요. 깊은 잠을 잘 때는 그 긴 목을 구부려 머리를 허리 근처에 두고 땅 위에 앉아서 자요. 더욱이 태어난 지 얼마 되지 않은 어린 새끼의 경우에는 어미의 보호를 받으면서 누워서 잠을 자요. 그러나 이렇게 잠을 자다가도 무슨 소리가 나면 금방 머리를 들어서 경계를 해요. 결국, 생존을 위한 본능은 잠을 잘 때에도 깨어 있는 거예요.

## 많은 초식 동물들은 서서 잠을 자요

기린 외에도 코끼리, 얼룩말, 영양과 같은 초식 동물들은 육식 동물을 경계해야 하기 때문에 모두 서서 잠을 자고 잠자는 시간도 아주 짧아요.

반대로 사자나 표범과 같은 육식 동물들은 대체로 잠을

### 목소리가 없는 기린

육지에 사는 동물 중 가장 키가 큰 짐승이 바로 기린이에요. 특히 목은 온몸의 절반 정도를 차지해요. 그런데 기린은 이렇게 목만 길뿐 목에서 전혀 소리를 내지 못한다고 해요. 그러니까 기린은 벙어리인 셈이에요. 그래서 서로 대화를 할 때는 소리 대신 코에서 나는 콧김 소리나 기침 소리 등으로 대화를 나눈다고 해요.

많이 자요. 이들은 다른 동물의 공격을 받을까 두려워할 필요가 없기 때문이에요. 기린이 하루에 두 시간 정도의 잠을 잔다면 사자는 하루에 무려 열세 시간 이상 잠을 잔다고 해요.

그러나 같은 초식 동물이라 할지라도 나무늘보나 땅다람쥐 등은 나무 꼭대기나 땅굴 같은 안전지대에 살고 있어서 비교적 편안하게 잠을 잘 수 있어요.

## 특이하게 잠자는 동물들이 많아요

서서 자는 기린처럼 특이한 잠버릇을 가진 동물로는 천장에 거꾸로 매달려 잠을 자는 박쥐, 한 다리로 서서 자는 홍학, 자는 척하는 악어 등이 있어요.

밤에 주로 활동하는 박쥐는 천장에 매달려 잠을 자요. 박쥐의 다리는 날개와 연결되어 있고, 또 무척 얇아서 똑바로 설 수가 없어요. 그래서 매달려 잠을 자는 수밖에 없는 거예요.

홍학은 한 다리로 서서 자는데, 깃털이 없는 다리로 몸의 열이 빠져나가는 것을 최소한으로 막기 위해 그런 모습으로 잠을 자요.

악어는 겉으로 보아서는 잠을 자는지 깨어 있는지 쉽게 분간할 수 없어요. 이는 잠든 척하여 사냥감을 방심하게 만들어서, 그때를 노려 사냥하기 위해서지요. 그러니까 실제로 자지 않는데 자는 척하는 경우가 아주 많아요. 그래서 자는지 아닌지 구분하기가 어려워요.

## 천적한테서 자신을 지키는 보호색이에요

개구리는 주위의 환경에 따라 몸 색깔을 바꿀 수 있어요. 그러면 개구리는 왜 계속해서 몸 색깔을 바꿀까요? 그것은 바로 적으로부터 자신을 보호하기 위해서예요. 예를 들어, 초록색 나뭇잎 위에 앉아 있는 초록색 개구리는 서로 비슷한 색깔 때문에 쉽게 눈에 띄지 않지요. 그래서 뱀과 같이 자신을 위협하는 천적들한테서 자신의 몸을 지킬 수 있는 거예요.

## 피부의 표피 색소가 여러 가지 색깔로 변해요

개구리가 여러 가지 몸 색깔을 가질 수 있는 것은 피부

### 무섭게 보이는 경계색

보호색이 눈에 잘 띄지 않도록 하는 색이라면, 경계색은 자신을 무섭게 보이도록 하는 색이에요. 그러니까 자신을 잡아먹는 천적이 싫어하거나 무서워하는 동물의 모습으로 보이도록 색을 바꾸는 거예요. 예를 들면 무당벌레는 식물과 비슷한 색깔로 몸을 숨기기보다 오히려 붉거나 주황색 등 화려한 색깔로 눈에 잘 띄게 하여 천적으로 하여금 독이 있는 동물로 착각하게 만드는 거예요.

표피에 있는 색소 때문이에요. 개구리의 피부는 세 가지 색소 세포층으로 구성되어 있는데 가장 밑 부분은 멜라닌색소포로 갈색을 띠지요. 그리고 그 위로 각각 홍색소포, 황색소포를 포함한 세포가 빈틈없이 빽빽하게 모여 있어요. 개구리는 이와 같은 색소층을 이용해 주변의 환경과 비슷한 색으로 자신의 몸을 변화시키는 거예요.

## 많은 동물들이 보호색을 가져요

개구리뿐만 아니라 많은 동물들은 천적에게서 자신을 지키기 위해 보호색을 가지고 있어요. 그중 가장 유명한 동물이 바로 '카멜레온'이에요. 카멜레온은 녹색을 기본으로 하여 붉은색이나 푸른색 등으로 색깔을 바꾸는데, 이는 빛의 강약, 주변 온도, 공포나 승리감과 같은 감정 변화에 따라 영향을 받아요. 카멜레온은 이러한 고도의 위장술로 눈에 띄지 않게 있다가 먹이가 사정거리 안으로 접근하면 기다란 혀를 뻗어 냉큼 잡아먹어요.

▲ 천적으로부터 자신을 보호하기 위해 몸의 색을 바꿀 수 있는 개구리

## 얼룩무늬는 일종의 보호색이에요

인간은 환경에서 살아남기 위해 주로 머리를 쓰지만 동물들은 자신의 몸을 환경에 유리한 쪽으로 사용해요. 그래서 계절에 따라 알맞는 보호색으로 몸의 색깔이 변해요. 그러나 같은 보호색이라도 얼룩말의 보호색은 조금 다른 면이 있어요. 얼핏 보면 얼룩말의 얼룩무늬는 오히려 눈에 더 잘 띄어요. 다른 동물들의 보호색은 모두 눈에 잘 띄지 않는 것인데, 왜 얼룩말의 보호색은 오히려 눈에 잘 띨까요?

## 얼룩말의 얼룩무늬는 맹수들을 혼란에 빠트려요

사자 같은 맹수는 사냥을 하기 전에 사냥감을 한 마리

미리 정해 놓고 오로지 그 목표물만을 향해서 뛰어요. 그런데 사자의 추격에 떼 지어 있던 얼룩말들이 달리기 시작하면 사자는 곧 당황하게 되어요. 얼룩말이 동시에 움직이면 어지러운 얼룩무늬 때문에 추격하던 목표물을 그만 놓치게 되는 거예요. 그러니까 얼룩말의 얼룩무늬는 여러 마리가 함께 있을 때 맹수의 눈을 어지럽게 만들고 목표물을 흐리게 만드는 효과가 있는 거예요.

그래서 얼룩말은 보호색을 잘 활용하기 위해 반드시 무리 지어 행동을 해요.

## 얼룩무늬는 체체파리도 막아 내요

얼룩말이 주로 사는 사하라 사막 남쪽에는 체체파리라고 불리는 무서운 곤충이 살고 있어요. 이 파리는 나가나병이라고 하는 전염병을 옮겨요. 이 병에 걸리면 온몸에 열이 오르다가 마비되어 죽고 말아요. 그런데 얼룩말의

▲ 얼룩말이 모여 있으면 얼룩 무늬 때문에 어지러워 목표물을 놓치기 쉽다.

85

얼룩무늬는 체체파리를 혼란시키는 효과가 있어요. 체체파리는 얼룩말의 얼룩무늬를 보고 그것이 말인지 아닌지 확인하지 못해 얼룩말의 피를 빨지 못한다고 해요. 결국, 얼룩말의 얼룩무늬는 체체파리가 사는 환경에서 살아남기 위한 또 다른 보호색인 셈이에요.

## 닭은 민감하게 빛에 반응해요

닭은 아침 해가 뜨면 그 누구보다 먼저 일어나서 "꼬끼오!" 하고 울어요. 그래서 먼 옛날부터 사람들은 닭 울음소리를 듣고 아침이 왔다는 것을 알 수 있었어요. 그런데 닭은 왜 동트는 시간에 맞춰 우는 것일까요? 몸속에 자명종이 들어 있는 것도 아닌데 말이에요.

그 비결은 바로 닭의 뇌에 있어요. 닭의 뇌에는 '송과체'라고 하는 기관이 있는데 이 기관이 피부를 통하여 들어오는 빛을 아주 민감하게 잡아내요. 그래서 닭은 아침 해가 뜨는 것을 어느 누구보다도 빠르고 정확하게 느낄 수 있는 거예요.

### 아름다운 공작은 모두 수컷

우리는 공작이라고 하면 대부분 아름답게 펼쳐지는 공작의 깃털을 가장 먼저 떠올려요. 이렇게 아름다운 깃털을 가진 공작은 알고 보면 암컷이 아니라 모두 수컷이에요. 수컷이 아름다운 깃털을 가지고 있는 이유는 바로 짝짓기를 할 때 암컷을 유혹하기 위해서예요. 화려한 깃털을 펴고 다양한 행동을 하면서 암컷의 마음을 얻어 짝짓기를 하려는 거예요.

## 빛이 없으면 닭은 아침이 되어도 울지 못해요

실제로 닭을 빛이 차단된 공간에 두면 닭은 아침이 와도 절대 울지 않아요. 송과체가 빛을 받아들이지 못해 아침이 왔는지 알 수 없기 때문이에요. 양계장에서는 닭의 이런 특성을 이용해 알 낳는 횟수를 조절하기도 해요.

닭을 비롯한 조류들은 낮의 길이가 길어질수록 알을 많이 낳을 수 있어요. 그래서 양계업자들은 닭들이 계속 낮처럼 느끼도록 양계장을 늘 밝게 하여 알을 많이 낳도록 해요.

## 암탉은 수탉보다 잘 울지 않아요

울음소리를 내는 닭은 대부분 수탉이에요. 수탉은 자신의 울음소리로 자신의 힘을 과시해요. 그리고 닭은 무리지어 사는 군집 생활을 하기 때문에 서열에 아주 예민해

▲ 닭은 빠르게 빛을 감지해 운다.

요. 그래서 수탉은 다른 수컷으로부터 제 영역을 확보하고 암컷을 지키기 위해서 큰 소리로 울어 대면서 힘을 과시해요. 그러나 암탉은 수탉에 비해 성대가 발달되지 않아서 잘 울지 않아요. 그러나 새끼들을 부르거나, 위급한 상황이 닥치면 "꼬끼오" 하고 울음소리를 내기도 해요.

## 박쥐는 눈 대신 초음파를 써서 생활해요

박쥐는 눈이 아주 나빠요. 빛을 겨우 느낄 수 있을 정도의 시력만을 가지고 있지요. 그리고 오랜 시간 어두운 곳에서 생활하다 보니 굳이 눈이 좋을 필요가 없어서 시력이 퇴화하였어요.

눈이 어두운 박쥐는 대신 초음파를 이용해서 물체를 인식해요. 초음파란 사람의 귀로는 들을 수 없는 높은 주파수로, 박쥐는 자신의 입과 코를 통해 이 초음파를 내보내요. 이 초음파가 물체에 부딪혀 메아리로 돌아오면 박쥐는 방향을 설정하여 길을 찾거나 물체를 인

### 똥을 눌 때만 바로 하는 박쥐

박쥐는 생각보다 운동량이 많아서 엄청 많이 먹어요. 10여 분 동안 모기를 자기 몸의 10분의 1만큼 순식간에 잡아먹기도 해요. 그리고 많이 먹는 만큼 똥도 당연히 많이 누겠지요. 박쥐는 똥은 어떻게 눌까요? 늘 거꾸로 매달려 사는 박쥐이지만 거꾸로 매달려서는 똥을 눌 수 없기 때문에 똥을 눌 때만 바로 매달려요. 똥 눌 때는 몸의 방향을 바꿔 엉덩이가 아래쪽으로 향하도록 해요. 그러니까 손톱으로 천장에 바로 매달린 채 똥을 누고는 다시 거꾸로 돌아가는 거예요.

식하여 먹이를 사냥해요. 그래서 박쥐에게 초음파는 '제2의 눈'이나 다름없어요.

## 박쥐는 다리에 힘이 없어 물구나무서요

박쥐는 왜 똑바로 서 있지 않고 물구나무서듯 매달려 있을까요? 그 이유는 바로 다리에 힘이 없기 때문이에요. 박쥐의 다리는 근육이 없고 오직 힘줄만으로 이루어져 있어서 다른 동물처럼 땅에서 뛰거나 걸을 수 없어요. 그뿐 아니라 박쥐의 발톱은 크고 둥글게 휘어 있어서 매달리기에 안성맞춤이에요. 그래서 박쥐는 잠을 잘 때도, 새끼를 낳을 때도 심지어 죽을 때까지 천장에 매달려 있을 수 있어요.

▲ 동굴에 모여 사는 박쥐

## 박쥐는 하늘을 나는 유일한 포유류예요

박쥐는 새가 아니라서 몸에 깃털이 아닌 털로 덮여 있어요. 박쥐는 새끼를 낳는 포유류로 유일하게 하늘을 날 수 있어요. 박쥐가 하늘을 날 수 있는 건 '비막'이라는 것 때문이에요. 비막이란 앞다리와 뒷다리에 걸쳐 쳐진 막으로 날개 대신 하늘을 날 수 있게 만들어 줘요. 박쥐는 이 비막을 사용하여 급정지, 급출발, 급회전, 거꾸로 날기와 같은 고난이도의 비행을 척척 해낼 수 있어요. 박쥐와 하늘다람쥐 등이 이런 비막을 가지고 있어요.

## 암컷은 짝짓기 후 배가 고파서 수컷을 잡아먹어요

사마귀는 톱처럼 뾰족뾰족하게 생긴 앞다리를 이용해 파리, 메뚜기, 잠자리 같은 곤충을 순식간에 낚아채 잡아요. 그러고는 잡은 곤충을 머리부터 발끝까지 우적우적 씹어 먹어요.

심지어 암컷 사마귀는 짝짓기가 끝난 후 영양 보충을 위해 수컷 사마귀를 잡아먹어요. 그래서 수컷 사마귀는 암컷의 식성을 알고 있기 때문에 짝짓기를 끝내면 재빨리 달아나요.

하지만 대부분 제대로 도망가지 못하고 짝짓기가 끝난 후 잡아먹혀요. 그것은 짝짓기가 끝난 후 수컷 사마귀의 힘이 빠져서이기도 하고, 얼마 못가서 수컷 사마귀가 자연사하기 때문이에요.

## 암컷 사마귀에서 나오는 거품은 사마귀 알이에요

사마귀의 먹성이 좋은 이유는 바로 철사 벌레 때문이에요. 선충이라 불리는 철사 벌레는 사마귀의 몸속에 살면서 사마귀의 모든 영양분을 빨아먹는다고 해요. 그래서 사마귀는 먹어도 먹어도 늘 배가 고프다고 해요. 게다가 암컷의 경우에는 알까지 낳느라 많은 에너지를 소비하다 보니 허기가 더욱 심해지는 거예요. 그러다 보니 급한 대로 가까이 있는 자신의 짝까지 먹어치워 영양 보충을 한다고 해요.

암컷 사마귀는 배 끝에서 몽실몽실한 하얀 거품을 만들어 그 안에 알을 낳아요. 사마귀가 뿜어낸 거품은 공기와 만나 천

▲ 거품처럼 보이는 사마귀 알

천히 굳으면서 탄력 있는 주머니를 만들어요. 이 주머니는 연약한 알을 감싸 지켜 주는 역할을 해요. 그래서 추운 겨울에도 알이 살아남았다가 봄이 되면 애벌레로 부화한다고 해요.

## 야생에 사는 호랑이와 사자가 자연스럽게 만날 일은 없어요

호랑이는 깊은 산이나 덤불숲의 바위 그늘 또는 동굴을 생활 근거지로 하며 단독으로 사는 경우가 일반적이에요. 반면, 사자는 아프리카의 초원에서 무리를 이루며 살고 있어요. 이처럼 호랑이와 사자는 사는 곳이 워낙 멀리 떨어져 있고 생활 습성도 다르기 때문에 자연적으로 만나 싸울 일이 없어요. 그러나 생태계에서 가장 꼭대기 층에 있는 맹수들이라 사람들 사이에서 누가 더 힘이 센지를 놓고 의견은 분분해요.

### 직접 사냥도 하는 하이에나

아프리카 초원 지대에 사는 하이에나는 다른 동물들이 먹다 버린 찌꺼기를 먹고 살아요. 그래서 별명이 '초원의 청소부'이기도 해요. 그렇다고 하이에나가 막 잡은 고기를 못 먹는 것도 아니고 사냥을 못하는 것도 아니에요. 사실 하이에나는 열 마리씩 어울려 다니면서 표범이나 사자 같은 동물들이 잡은 먹이를 빼앗기도 하고 어떤 때는 직접 사냥을 해서 먹기도 해요. 하지만 다른 동물과 비교했을 때 찌꺼기 고기를 먹어치우는 특성이 있기 때문에 우리에게 그렇게 알려진 거예요.

## 체격과 완력에 강한 호랑이, 스피드와 단체전에 강한 사자

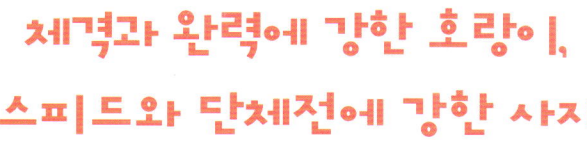

두 맹수를 놓고 굳이 우열을 가려 보자면, 체격과 완력 면에서는 호랑이가 사자에 비해 우세해요. 단독 생활을 하는 호랑이는 사냥도 혼자 하기 때문에 한 번에 먹이를 낚아챌 수 있는 집약된 힘을 가지고 있어요.

그러나 사자는 호랑이보다 체격이 작은 대신 보다 빨리 움직일 수 있어요. 그리고 무리 지어 생활하기 때문에 단체전에서는 무서운 기세로 상대방을 몰아세울 수 있어요.

## 사자와 호랑이의 승패는 엎치락뒤치락해요

옛날 로마 시대에는 인위적으로 사자와 호랑이의 싸움을 자주 붙였다고 해요. 대부분은 호랑이가 승리하였다고 기록하고 있어요. 한편, 미국의 한 서커스단에서 울타리

▲ 사자와 호랑이의 교미를 통해 태어난 라이거

를 부수고 나온 사자와 호랑이가 싸운 경우가 있었는데, 이때는 사자가 이겼다고 전해지고 있어요.

　이런 사실로 미루어 볼 때 사자와 호랑이의 싸움은 상황에 따라 승자와 패자가 수시로 뒤바뀐다고 할 수 있어요. 그래서 호랑이와 사자의 힘은 막상막하로 보는 경우가 많아요.

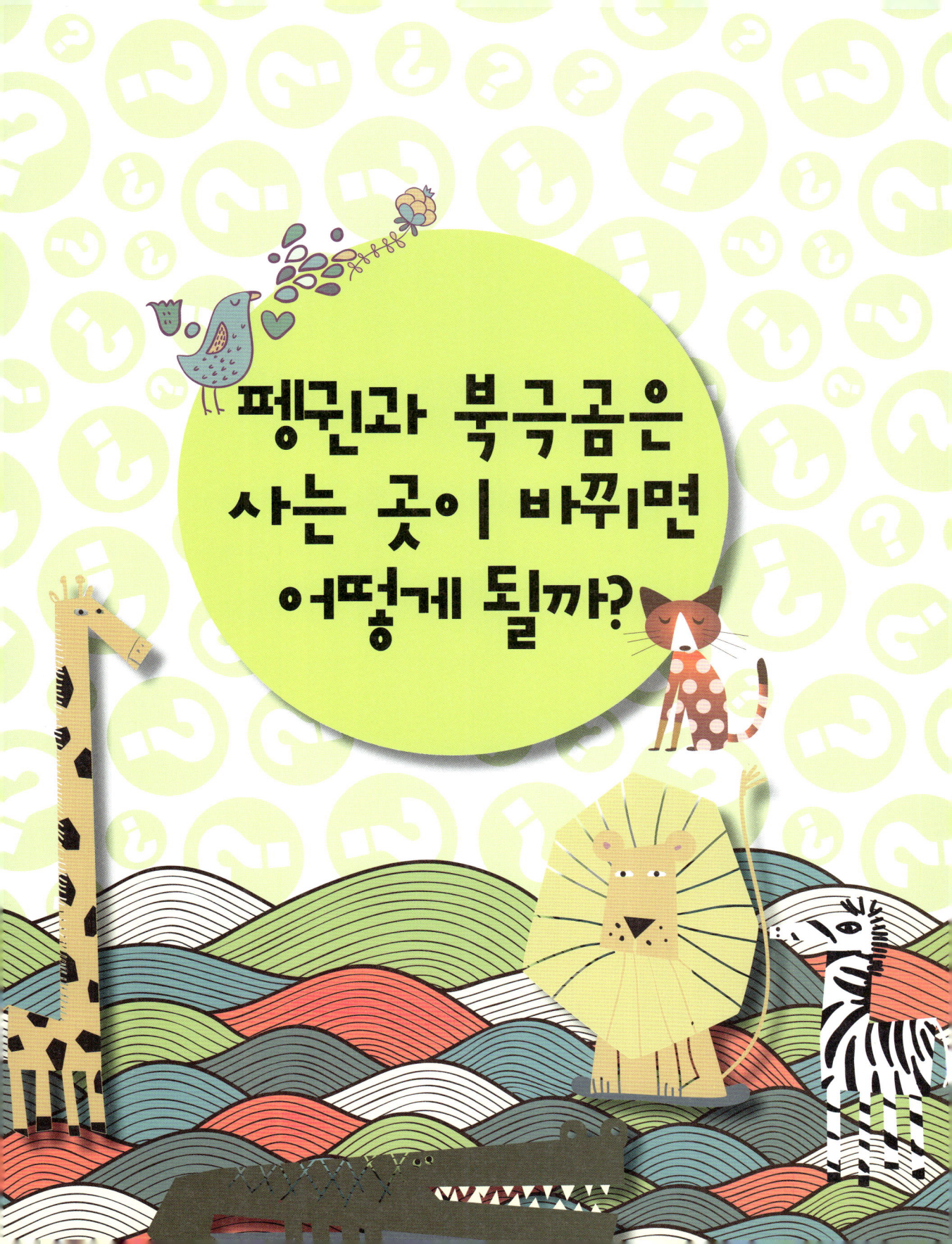

## 남극과 북극은 기후 환경이 엄연히 달라요

남극과 북극은 모두 기온이 낮은 추운 지방이에요. 그래서 사람들은 남극과 북극이 비슷한 환경을 가지고 있을 거라 생각해요. 그렇지만 남극과 북극은 엄연히 달라요.

남극은 얼음으로 덮인 거대한 땅인 반면, 북극은 유라시아 대륙과 북아메리카 대륙으로 둘러싸인 바다예요. 또한 남극의 빙산은 윗면이 평평한 탁자형인 반면, 북극의 빙산은 바다 위에서 얼어붙은 얼음이 떨어져 나온 것이어서 모양이 대부분 불규칙해요. 또한 남극은 북극보다 기온이 더 낮은 영하 60도 정도라서 끓는 물을 찬 공기 속에 던져도 순간적으로 얼어버릴 정도예요.

## 펭귄은 북극에서 살 수 있어요

남극에 사는 펭귄은 북극에 가서도 무난히 견딜 수 있는

▲ 북극보다 추운 남극의 기후에도 잘 적응하는 펭귄

적응력을 갖추고 있어요.

펭귄이 주로 먹는 먹이는 바다 생물인데 북극은 대륙으로 둘러싸인 바다라서 펭귄이 먹이를 구할 수 있는 충분한 환경이 갖추어진 곳이에요. 또한 펭귄은 평균 기온이 영하 35~40도에 이르는 남극에서 지내왔기 때문에 북극에 가면 오히려 따뜻하다고 느낄 수 있어요.

## 북극곰이 남극으로 가면 죽을 수도 있어요

▲ 물고기를 잡아먹는 북극곰의 모습

남극과 북극 상관없이 어디서든 잘 적응하는 펭귄과 달리 북극곰의 경우는 좀 달라요. 남극에 비해 따뜻한 북극에서 살던 북극곰은 남극에 도착하자마자 너무 추워서 온몸이 꽁꽁 얼어

붙을 거예요. 또한 더 큰 문제는 바로 사냥이에요. 물고기를 즐겨 먹는 북극곰에게 남극의 강철 같은 얼음 땅은 단단한 벽과 같이 느껴질 거예요. 그렇기 때문에 배고픔에 지친 북극곰은 주린 배를 안고 눈물을 훔치며 죽어 갈 수도 있어요.

## 햇빛을 오랫동안 받으면 붉은 땀을 흘려요

뜨거운 태양 아래 있는 하마의 피부에는 종종 붉은색의 피 같은 것이 몽글몽글 맺혀 있는 것을 볼 수 있어요. 하지만 정말로 피를 흘리는 것은 아니에요. 그것은 물 밖에서 너무 오랜 시간 햇빛에 노출된 하마의 살갗에서 나오는 붉은 땀이에요.

하마의 붉은 땀은 처음에는 다른 보통 땀처럼 투명하게 보이지만 햇빛을 받으면서 점점 붉게 변해 가요. 그리고 보통의 땀에 비해 무척 끈적끈적해요.

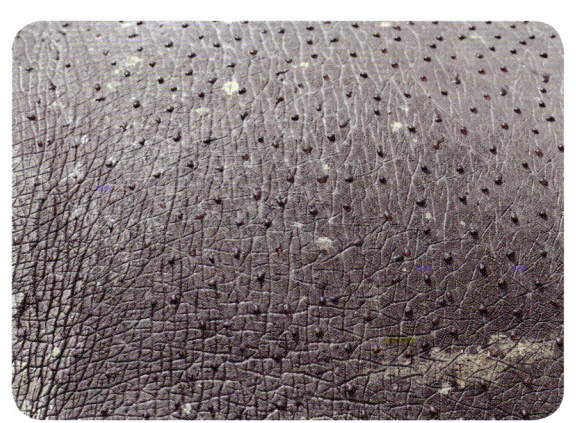

▲ 하마의 몸에 핏방울처럼 맺혀 있는 붉은 땀

### 하마는 땀을 흘려 몸을 보호해요

하마의 피부는 예민해서 물 밖에 나와 있으면 햇빛에 상처를 입게 돼요. 그래서 하마는 붉은 땀을 흘려 햇볕 때문에 피부가 더 건조해지는 것을 막고 자외선이 침투하지 못하도록 자신을 보호해요.

하마는 동글동글한 겉모습과 달리 무척 포악해서 크고 작은 싸움이 잦아요. 싸움을 하다 보면 상처가 생기기도 하는데, 이 붉은 땀은 살균 작용이 뛰어나서 상처가 덧나는 것도 막아 주어요.

### 하마는 하루에 12~18시간씩 물속에 있어요

하마는 왜 이렇게 태양에 약한 걸까요? 원래 하마는 하루에 12~18시간씩 물속에 있을 정도로 물을 무척 좋아해요. 또한 수영 실력도 좋고 잠수도 잘해서 새끼도 물속에서 낳아요. 그럼 하마가 붉은 땀을 흘릴 만큼 물 밖에 오래 머무르는 때는 언제일까요? 바로 식사 시간이에요. 하마는 태양이 저문 밤 시간에 땅으로 올라가 풀을 뜯어먹어요. 그런데 양분을 충분히 섭취하기 위해서 많은 양을 먹다 보면 해가 뜬 것도 모르고 지상에 머무르는 경우가 종종 생겨요. 이때 하마는 많은 양의 붉은 땀을 흘리게 되어요.

▲ 하마는 하루에 절반 이상을 물속에서 보낸다.

## 수컷은 육아낭을 통해 알을 품어 부화시켜요

대부분의 동물들은 새끼를 낳거나 키우는 일을 암컷이 도맡아 해요. 그러나 종종 부성애의 극치를 보여 주는 동물들도 있어요. 해마도 바로 그런 동물 중 하나예요. 해마는 암컷이 아닌 수컷이 임신을 하고 새끼를 부화시키기까지 해요.

이렇듯 놀라운 일을 가능케 하는 비밀은 바로 수컷의 '육아낭'에 있어요. 육아낭이란 '어린 동물을 속에 넣고 기르도록 몸의 일부에 생긴 주머니'를 말해요. 해마는 특이하게도 암컷이 아닌 수컷이 이 육아낭을 가지고 있어요. 그래서 짝짓기를 할 때 암컷이 수컷의 육아낭에 난자를 넣어 주어 수컷의 정자와 만나 수정이 되면, 수컷은 약 2주

에서 6주까지 육아낭 안에 알을 두고 품어요.

## 수컷은 육아낭에 산소와 영양분을 공급해요

해마의 수컷은 이 기간 동안 육아낭에 산소와 영양분을 부지런히 공급해요. 이는 새끼들이 부화했을 때, 바닷물에 바로 적응할 수 있도록 비슷한 환경을 만들어 주기 위해서예요. 이렇게 아빠 해마의 사랑을 듬뿍 받고 자란 새끼들은 4~6주 정도의 시간이 흐른 뒤, 부화하여 3일 정도가 지나면 먹이를 찾아 이동할 수 있을 만큼 자라요.

▲ 말의 머리와 비슷하다고 하여 이름 붙여진 해마

## 가시고기도 부성애가 아주 강해요

해마처럼 부성애가 강한 생물로 '가시고기'를 빼놓을 수 없어요. 가시고기는 해마처럼 직접 새끼를 품거나 낳지는 않지만 새끼를 위해 엄청난 희생을 감수해요. 이른 봄, 암컷 가시고기는 알을 낳으면 미련 없이 둥지를 떠나요. 그럼 홀로 남은 수컷 가시고기는 알을 먹으려고 모여드는 침입자들을 물리치고, 알들이 잘 자라도록 둥지 안에 새 물을 넣어 주는 등 잠시도 쉬지 않고 오직 알을 키우는 일에 전념해요. 그리고 마침내 알이 부화해 새끼들이 태어나면 수컷 가시고기는 자신의 몸을 기꺼이 새끼들에게 먹이로 내어 주어요. 이 정도면 지구상에서 가장 부성애가 강한 생물이라고 할 수 있겠지요.

▲ 부성애가 강한 대표적인 물고기, 가시고기

오리는 왜 뒤뚱뒤뚱 걸을까?

## 오리는 물에서 살기 좋은 발을 가지고 있어요

오리가 물 위에서 헤엄치는 모습은 참 멋져요. 하지만 물 밖으로 나와 걷는 모습을 보면 우스꽝스럽기 그지없어요. 오리의 다리는 무척 짧기 때문에 온몸을 사용해서 걸어야만 하거든요. 그러니 자연적으로 뒤뚱거릴 수밖에 없어요.

그렇다면 오리의 다리는 왜 짧은 걸까요? 그것은 오리의 발이 물에서 살기 좋게 발달되었기 때문이에요. 짧은 다리는 물속에서 헤엄을 칠 때 적은 힘으로도 많은 이동력을 갖게 도와줘요. 또한 오리는 발가락이 갈라져 있지 않고 막에 의해 서로 이어져 있어서 물과 접촉하는 면적을 넓혀 헤엄을 빨리 칠 수 있도록 도와주는 역할을 해요.

## 오리는 물 위에 뜨기 좋은 몸통을 지니고 있어요

오리의 둥근 체형은 부력을 얻기 쉬워서 물 위에 잘 뜰 수 있어요. 하지만 그만큼 무게가 많이 나가기 때문에 지상 위에서는 좀처럼 중심을 잡지 못하지요. 그래서 오리는 균형을 잡기 위해 머리를 들고 가슴은 쭉 내밀면서 몸을 앞으로 기울여야 해요. 이로 인해 뒤뚱뒤뚱 걸을 수밖에 없는 거예요.

### 알 낳는 포유류, 오리너구리

오리너구리는 오스트레일리아 해안이나 하천에 사는 포유류 동물이에요. 포유류이면서도 알을 낳아 새끼를 키우는 특이한 동물로 물에서도 살고 육지에서도 살 수 있어요. 입은 오리주둥이처럼 생겼고 몸은 두더지처럼 생겨서 오리너구리라는 이름을 갖게 되었어요.

## 오리는 털이 물에 젖지 않아요

오리는 물에서 헤엄치다가 막 나왔어도 털이 젖지 않고 뽀송뽀송해요. 오리의 꼬리에는 기름을 분비하는 기름샘이 있기 때문이에요. 오리는 이것을 이용해 늘 자신의 털에 막을 치듯 기름을 발라 두는데, 알다시피 기름과 물은 잘 섞이지 않아요. 그래서 오리는 아무리 물속에 오래 있다 나와도 털이 젖어 있지 않는 거예요. 오리뿐만 아니라 두루미, 학 등 물 위에 사는 조류의 대부분이 이러한 기름샘을 가지고 있어요.

▲ 물에서 헤엄치기 좋은 조건을 가진 오리

## 악어의 암수는 부화할 때의 온도에 따라 결정돼요

악어의 암컷과 수컷은 아주 독특한 방법으로 결정돼요. 악어는 알에서 부화할 때의 온도에 의해서 암수가 결정되어요. 부화할 때의 온도가 29도에서 31도 사이면 암컷만, 33도를 넘어서면 수컷만 태어나게 되어요. 그러나 온도가 32도 중간을 가리키면 어떻게 될까요? 그때는 암수가 비슷한 비율로 태어난다고 해요.

## 파충류들은 온도에 따라 암수가 결정되는 경우가 많아요

파충류들은 온도에 따라 암수가 결정되는 경우가 많아요. 모든 악어 종류, 대부분의 거북, 일부 도마뱀 등이 여

기에 해당되어요.

한 예로 암컷 바다거북은 발을 이용해 모래 구멍을 판 후, 그 바닥에 알을 낳으면 약 8주 후에 새끼들이 알을 깨고 나와요. 그런데 이때, 모래의 온도가 20~22도 사이로 낮으면 대부분 수컷이고, 모래의 온도가 30~35도 사이로 높으면 암컷이 태어나요.

▲ 악어는 주로 물가에서 먹이를 잡아먹는다.

## 지구 온난화로 암수 비율에 문제가 올 수 있어요

온도에 의한 암수 결정은 장단점을 가지고 있어요.

우선 장점으로는 암수의 성비가 1대 1로 제한되지 않고 의도적으로 암컷을 많이 만들어 자손을 번창시킬 수 있어요. 반면, 지구 온난화로 인해 지역적으로 온도가 상승

하면 암컷과 수컷의 성비가 어느 한쪽으로만 몰리기 쉬워요. 이런 성비의 불균형은 멸종 위기를 초래할 수 있어요. 예를 들어, 암컷의 수는 굉장히 많아지는데 상대적으로 수컷이 적어 자손을 번식할 수 없는 상황이 일어날 수도 있는 거예요.

# 백만 엄마들의 가슴을 뛰게 만든 바로 그 책,
# 〈공부가 되는〉 시리즈

- 재미와 호기심을 충족시키며 교과 연계 학습까지 되는 **기초 교양 학습서**
- 연이은 백만 엄마들의 뜨거운 호평, **출간 즉시 베스트셀러 도서**
- 통섭과 융합형 교과서로 **하버드 대학 교수가 추천한 도서**

**공부가 되는 세계 명화**
글공작소 글 | 18,000원

**공부가 되는 한국 명화**
글공작소 글 | 18,000원

**공부가 되는 식물도감**
글공작소 엮음 | 37,000원

**공부가 되는 그리스로마 신화**
글공작소 글 | 12,000원

**공부가 되는 별자리 이야기**
글공작소 글 | 12,000원

**공부가 되는 공룡 백과**
글공작소 글 | 장은경 그림 | 13,000원

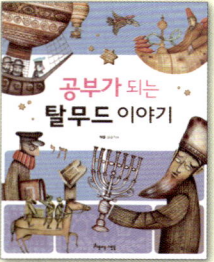
**공부가 되는 탈무드 이야기**
글공작소 엮음 | 12,000원

**공부가 되는 삼국지**
나관중 원작 | 장은경 그림 | 12,000원

**공부가 되는 유럽 이야기**
글공작소 글 | 14,000원

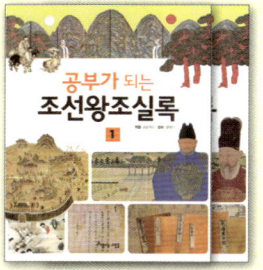
**공부가 되는 조선왕조실록 1,2 (전2권)**
글공작소 글 | 김정미 감수 | 각 13,000원

**공부가 되는 저절로 영단어**
다니엘 리 글 | 14,000원

**공부가 되는 우리문화유산**
글공작소 글 | 14,000원

| | | | |
|---|---|---|---|
|  |  |  |  |
| **공부가 되는 저절로 고사성어**<br>글공작소 글 | 15,000원 | **공부가 되는 한국대표고전 1, 2 (전2권)**<br>글공작소 글 | 각 13,000원 | **공부가 되는 셰익스피어 4대 비극·5대 희극(전2권)**<br>윌리엄 셰익스피어 원작 | 글공작소 엮음 | 각 14,000원 | **공부가 되는 논어 이야기**<br>공자 지음 | 글공작소 엮음 | 14,000원 |
|  |  |  |  |
| **공부가 되는 경제 이야기 1,2(전2권)**<br>글공작소 글 | 각 13,000원 | **공부가 되는 한국대표단편 1, 2, 3 (전3권)**<br>박완서 외 지음 | 글공작소 엮음 | 각 13,000원 | **공부가 되는 로빈슨 과학 탈출기**<br>대니얼 디포 원작 | 글공작소 엮음 | 13,000원 | **공부가 되는 과학백과 우주 지구 인체(전3권)**<br>글공작소 글 | 각 13,000원 |
|  |  |  |  |
| **공부가 되는 일등 멘토의 명연설**<br>글공작소 엮음 | 13,000원 | **공부가 되는 가치 사전**<br>글공작소 엮음 | 13,000원 | **공부가 되는 안네의 일기**<br>안네 프랑크 원작 | 글공작소 엮음 | 13,000원 | **공부가 되는 톨스토이 단편선**<br>레프 톨스토이 원작 | 글공작소 엮음 | 13,000원 |
|  |  |  |  |
| **공부가 되는 긍정 명언**<br>글공작소 엮음 | 14,000원 | **공부가 되는 이솝 우화**<br>이솝 원작 | 글공작소 엮음 | 13,000원 | **공부가 되는 창의력 백과**<br>글공작소 글 | 14,000원 | **공부가 되는 재미있는 어휘사전**<br>글공작소 글 | 14,000원 |